# ORTHODOXE
SPIRITUALITEIT

UITGEVERIJ ORTHODOX LOGOS

ORTHODOXE SPIRITUALITEIT

Archimandriet Adriaan (Korporaal)

Eerder gepubliceerd in:
Uitgave van de Nederlandse Orthodoxe Kerk
Den Haag

© Uitgeverij Orthodox Logos, Nederland 2025
www.orthodoxlogos.com

ISBN: 978-1-80484-239-3

Niets uit deze uitgave mag worden verveelvoudigd en/of openbaar gemaakt door middel van druk, fotokopie, microfilm of op welke andere wijze ook zonder voorafgaande schriftelijke toestemming van de uitgever.

Archimandriet Adriaan (Korporaal)

# ORTHODOXE
## SPIRITUALITEIT

UITGEVERIJ ORTHODOX LOGOS

Inleiding, gehouden voor de Nikola-
kommunauteit, ter gelegenheid
van het weekend, gewijd
aan Spiritualiteit en Oecumene.
*12 mei 1972*

# INHOUDSOPGAVE

Orthodoxe spiritualiteit . . . . . 7

Paashomilie . . . . . . . . . . . 62

Aanhangsel 1 . . . . . . . . . . 67

Aanhangsel 2 . . . . . . . . . . 77

# ORTHODOXE SPIRITUALITEIT

Ik zou willen afwijken van de gewoonte om deze zaak van de historische zijde te benaderen. Dat lijkt me in dit gezelschap overbodig. Bovendien werkt dat het hardnekkig misverstand in de hand dat de orthodoxie een soort levend fossiel zou zijn, wel interessant voor de liefhebbers natuurlijk, maar toch zonder rechtstreekse betekenis voor een eigentijdse beleving van het christendom, van ons christen-zijn. Daarom wil ik hier de tegenovergestelde weg kiezen, en uitgaan van ons hedendaags wereldgevoel.

De wereld, het heelal, doet zich aan ons redenerend verstand op de eerste plaats voor als een oneindige verzameling van feiten, waarvan slechts een beperkt en voortdurend wisselend aantal, tot ons bewustzijn doordringt.

Hierbij moet ik denken aan een geliefd spelletje uit mijn jonge jaren, waarvan ik niet weet of het nog zo bestaat. In de jeugdtijdschriften kwam regelmatig een afbeelding voor van een verzameling cijfers, die volkomen willekeurig over het papier verdeeld schenen. Maar wanneer je met een potlood de opeenvolgende getallen door lijnen verbond, dan ontstond er een herkenbare afbeelding.

Ik kan eigenlijk geen mooiere parabel vinden voor heel de werking van ons redenerend verstand. Altijd zijn wij bezig met lijnen te trekken van het ene punt naar het andere, om ons een samenhangend beeld te vormen uit de oneindige overvloed van materiaal, dat aan ons waarnemingsvermogen wordt opgedrongen. Daarbij doet zich echter het jammerlijke feit voor, dat in de werkelijkheid deze punten geen volgnummer dragen.

We zijn daarom verplicht tot het bedenken van systemen, volgens welke we die lijnen zullen trekken. We kunnen het eenvoudig niet laten: onze geest is een onbedwingbare verhaaltjesverteller.

Omdat dit punt me belangrijk schijnt, zou ik het gaarne wat verder toelichten. Ik hoop dat u mij zult vergeven als mijn voorbeelden graag betrekking hebben op de natuurwetenschappelijke sfeer. Dat is nu eenmaal mijn aanleg, en bovendien heb ik aan de Technische Hogeschool gestudeerd.

Ik sprak over verhaaltjes vertellen. Laten we eens zien. In alle tijden, en overal ter wereld, zijn er verhaaltjes verteld om de oorsprong der dingen te verklaren, en wij noemen dat mythologie. (Tussen haakjes zou ik hierbij even willen opmerken hoe volkomen uniek en rationalistisch de Bijbel opent met die gebeeldhouwde zin: "In den beginne schiep God hemel en aarde", en hoe modern wetenschappelijk het verslag van de zes scheppingsdagen aandoet, vergeleken met verhalen over kikvorsen die een oceaan uitbraakten, of gemorste moedermelk, die tot sterren aan de hemel werd.) We lezen nu zulk soort dingen geamuseerd, halen er onze schouders bij op, of waarderen het esthetisch om de poëtische uitdrukkingskracht waarvan deze verhalen blijk geven.

Daarbij vergeten we, dat we in feite nog altijd op precies dezelfde manier aan het vertellen zijn van oncontroleerbare verhalen, met een doodernstig wetenschappelijk gezicht. Dit geldt zelfs voor de meest positieve wetenschappen, de natuurkunde, de kosmologie. M'n tong jeukt om daar een paar mooie voorbeelden van aan te halen (zie aanhang), maar in dit gezelschap wil ik me bepalen tot de biologie, over het ontstaan van het leven.

Misschien kennen sommigen van u het onlangs verschenen boek van Jacques Monod, een van de grote namen op dit gebied, directeur van het Institut Pasteur in Parijs, en winnaar van de Nobelprijs. Zijn beschrijving van de oorsprong van het leven draagt de titel: "Toeval en onvermijdelijkheid". Het is meeslepend en helder geschreven, hij is ongetwijfeld iemand met hersens. Maar des te meer sta je dan met stomheid geslagen als je ziet, met welk een grenzeloze naïveteit zo iemand zichzelf, en nog wel op zijn eigen vakgebied, voor de gek houdt, onder invloed van de dwanggedachte dat tot elke prijs het begrip van een Schepper vermeden moet worden. Je weet niet of je lachen of huilen moet om de meer dan levensgrote gaten die hij laat vallen in het net van zijn redeneringen.

Slechts een enkel voorbeeld. Wanneer hij spreekt over de levensbelangrijke volgorde van de aminozuren in het eiwitmolecuul, merkt hij op dat deze door geen enkele bekende scheikundige wet verklaard kan worden, en dus, zegt hij (let daarbij vooral op dit door geen enkel argument gemotiveerde dus), volgt daaruit dat die volgorde uitsluitend en alleen beheerst wordt door het toeval. Daar wordt hij helemaal lyrisch van en hij zingt een lofzang op dit gezegende toeval, dat elke verklaring overbodig maakt. Nu is hij van de andere kant ook wel zo deskundig, dat hij opmerkt welke buitengewone resultaten toch wel aan dit toeval te danken zijn. Een enkele bacterie, zegt hij, bestaat uit ongeveer duizend verschillende soorten eiwit. En niet alleen moeten verschillende soorten allemaal voorhanden zijn, maar ze moeten ook op het juiste ogenblik en in de juiste hoeveelheid gemaakt worden, in harmonie met elkander en met de invloeden van de buitenwereld. En als goed wetenschapper brengt hij deze eigenschappen onder een gemeenschappelijke noemer door er een mooie Griekse naam aan te geven: "teleonomie", wat niets anders wil zeggen dan "doelgerichtheid", die de grondslag vormt, het grondkenmerk is van elk levend wezen, een naam die toch de spot drijft met heel het ongerichte positivisme, waar hij zo'n heftig belijder van is.

Wat mij nog het meest verbaast is, dat al deze belijders van het 'toeval', nog nooit schijnen gehoord te hebben van de toevals- of kansrekening, die in de moderne wetenschappen toch zulke grote triomfen heeft gevierd. Het lijkt er eerder op of ze er zich zorgvuldig voor hoeden om ook maar het meest voor de hand liggende rekensommetje te maken. Want uit ons blote hoofd zien we dan dat de kans van een twintigtal variabelen om zich door bloot toeval tot een dergelijke rangschikking te verenigen, uitgedrukt wordt door een breuk, waarbij 1 gedeeld wordt door een getal van duizenden, zo niet miljoenen cijfers. Wanneer we daarnaast een schatting maken van het aantal levende cellen dat er gedurende het hele bestaan van de aarde is geweest, dan komen we tot een getal van hoogstens enkele tientallen cijfers. Wanneer we dan die twee getallen met elkaar vergelijken, dan zien we het onweerlegbaar wiskundige bewijs dat heel de toevalshypothese van de evolutie een kindersprookje is. Maar toch wordt dit sprookje met volle overgave steeds verder verteld door hooggeleerde monden. En wanneer de tegenwoordige professor Crick in vereniging met Watson, met veel moeite en verbeeldingskracht een schema van de bouw van het voortplantingsmolecuul gevonden heeft, dan huppelt hij juichend door heel het faculteitsgebouw met de kreet, dat zij nu bewezen hebben dat God niet bestaat.

Met deze feiten in het achterhoofd wil ik nu oversteken naar een geheel ander gebied van het menselijk denken: de filosofie. We hebben in het afgelopen jaar een aantal van de beste tegenwoordige filosofen op de tv in levende lijve kunnen zien en horen discussiëren. U zult het met me eens zijn dat hun meest opvallende eigenschap was, dat ze elk voor zich een hele denkwereld hebben opgebouwd, die echter maar zeer weinig punten van contact, laat staan van overeenstemming bezit, met die van de anderen.

Dat brengt me weer op het eerste beeld terug: ieder verbindt de voor hem zichtbare punten uit de ervaringswereld op zijn eigen manier, die hem een voldoening gevend beeld verschaft. Maar terwijl er in de natuurwetenschappen nog enige controle bestaat door de praktijk, blijft op dit gebied de zaak in de lucht hangen. Er is geen enkele zekerheid over de waarheid, ook al laten nog zulke superieure breinen hun gedachten werken. Ze komen vaak zelfs tot volkomen tegenovergestelde conclusies, en soms schijnen ze elkaar nauwelijks te begrijpen. Hoe moeten wij, gewone stervelingen, dan een oordeel vormen?

Wat heeft dit alles nu met ons onderwerp te maken? Mijn bedoeling is om te laten zien dat de menselijke rede, welk een prachtig instrument het ook is, toch aan scherpe grenzen gebonden is. Ik wil een gezonde achterdocht wakker roepen tegen de vele zaken die ons als onweerlegbare wetenschap worden voorgehouden. Mijn indruk is dat de gelovigen zich veel te zeer in een verdedigende positie hebben laten dringen, dat ze als het ware hun verontschuldiging aanbieden dat ze nog geloven, terwijl zoveel geleerde mannen beweren dat hun geloof onhoudbaar is. En de gelovigen kruipen verschrikt op een hoop en zoeken steun bij elkaar. En vaak proberen ze de onderlinge verschillen uit te wissen, om wat sterker te staan tegenover de vijandige buitenwereld. Maar deze emotionele vrees lijkt me een bijzonder moerassige bodem om een oecumene op te bouwen. Dit heeft niets te maken met een streven naar werkelijke, innerlijke eenheid.

Te midden van al deze onzekerheden zijn er toch enkele zaken die voor iedereen volkomen vaststaan, die een beslissende invloed hebben op elk mensenleven, waar je echter merkwaardigerwijze maar heel weinig over hoort spreken. Ik bedoel hier de bittere feiten van het lijden en de dood.

Wij allen hebben in ons leven leed ondervonden, en wij weten dat er maar al te veel anderen zijn die een werkelijk afzichtelijk en onverdraaglijk lijden hebben te doorstaan. En voor ons allen weten we als bijna enige absolute zekerheid, dat we eenmaal moeten sterven, dat we weggescheurd zullen worden uit alles wat ons dierbaar was; dat zij die wij liefhebben, ons op onherroepelijke wijze kunnen worden ontnomen; dat het werk, waaraan wij ons leven gewijd hebben, wordt afgebroken; en dat het na enkele geslachten zal zijn alsof we nooit hadden bestaan. En met onbedwingbare kracht dringt de vraag zich aan ons op: waartoe dit alles? Wat is de zin van dit aardse leven, dat zoveel belooft maar ons alles weer ontneemt?

Dat zijn de grote vragen van het leven, of we nu progressief zijn of behoudzuchtig, eigentijds of naar een rijk verleden gekeerd. Vragen, die we met geen enkele revolutie kunnen oplossen. En het antwoord, dat we op deze vragen als overtuiging bezitten, bewerkt een absolute scheiding der geesten tussen hen die geloven en alle anderen.

Want de orthodoxe gelovige weet tussen alle wankele wisselvalligheden van het leven een vaste rotsbodem onder zijn voeten, en dit geeft smaak en kleur aan alles wat hem overkomt. Wij wéten dat God Zijn schepping zozeer liefheeft, dat Hij Zijn eigen Zoon gezonden heeft om Mens te zijn onder de mensen. We weten dat Hij, hoewel Hij de oneindige God is, ons menselijk bestaan tot in de uiterste consequenties op Zich genomen heeft, met alle leed dat daaraan verbonden is. We wéten dat Hij die de Zijnen liefhad, deze liefde heeft werkelijk gemaakt tot het einde toe: een einde dat een gruwelijke marteldood betekende, gespijkerd aan een kruis. Maar we weten ook, en dat is de nooit opdrogende bron van onze vreugde, dat Hij na Zijn dood weer is opgestaan uit het graf. Hij heeft de onverbiddelijke vestingmuur van het sterven, dat alle leven tot een bespotting maakte, doorbroken. In Zijn dood heeft Hij getriomfeerd over de dood. En omdat Hij mens was onder de mensen, delen wij allen in Zijn overwinning. Dat is het vertrekpunt en het hartstuk en het einddoel van de orthodoxe spiritualiteit. Vanuit dit punt vertrekt elke orthodoxe theologische gedachte en keert ertoe terug. Dit is de vreugde die niets en niemand ons ontnemen kan: Christus is opgestaan! Hij is waarlijk opgestaan!

Deze zekerheid is de vaste rotsbodem waarop wij staan. We hoeven niet meer uit te gaan om het wuivend riet te zien, dat heen en weer deint in de storm der meningen. We hoeven geen mogelijkheden meer te onderzoeken, geen waarschijnlijkheden te wegen, geen voorzichtige conclusies te trekken, die toch altijd weer omvergeworpen kunnen worden. Daarom kunnen we wel medelijden en geduld hebben met hen die het niet meer weten, maar nooit kunnen we ons laten overhalen om onze eigen zekerheid prijs te geven, want we hebben deze niet uit onszelf veroverd, maar door God geschonken gekregen. En die zekerheid loslaten, zou een afschuwelijk verraad betekenen.

Dat is de glans van vreugde die kenmerkend is voor de orthodoxie: soms slechts als het stille vermoeden van nog niet ontloken blijdschap, soms in een storm van laaiend enthousiasme, zoals in de heilige paschanacht. Het feit dat de ingeklemdheid van ons leven vrijgemaakt is, in deze gelukkigmakende zekerheid, maakt ons geestelijk leven bijzonder concreet. De grootste interesse in ons leven is de persoon van Christus, omdat wij pas in Hem volkomen onszelf kunnen zijn. Daarom is het orthodoxe gebedsleven geheel en al op Christus gecentreerd. Dit geldt zowel voor het stille persoonlijke gebed als voor het gezamenlijke gebed van de kerk.

Het meest beoefende persoonlijke gebed is het zogenoemde Jezusgebed. We hebben de kreet overgenomen van de blinde van Jericho, en er de volle waarheid bij betrokken. Die blinde riep, zonder zich door iemand daarvan te laten weerhouden: Jezus, Zoon van David, ontferm U over mij. Bij ons luidt dit gebed: "Heer Jezus Christus, Zoon van God, ontferm U over mij, zondaar". Wij gebruiken dit om volgens de opdracht van de apostel 'te bidden zonder ophouden', en daarom houden wij ervan om dit gebed te herhalen, elk vrij ogenblik van de dag, zodat het ons vanzelf naar de lippen welt. Ik herinner me dat ik, na een ernstig auto-ongeluk, langzaam bijkwam uit de narcose van de spoedoperatie, en ik hoorde mezelf, temidden van vlammende pijn, dit gebed herhalen in het Nederlands, het Frans en het Russisch. Pas veel later kreeg ik besef van de aanwezigheid van de gewaarschuwde Russische priester, die kennelijk de aanleiding was geweest voor deze talen. Maar ik was wel zeker van Christus' aanwezigheid, niet lichamelijk, maar werkelijk en aanspreekbaar. En tegen de oorspronkelijke verwachtingen in heb ik de kwetsuren overleefd, misschien door de innerlijke rust die mij op deze wijze geschonken werd. De woeste pijn verdreef bijna alle gedachten, en toch was er iets van geluk in me omdat ik, ondanks mijn onwaardig leven, op dat ogenblik toch aan Hem deel mocht hebben juist door die pijn die mij verbond met Hem, die zozeer geleden had omwille van ons, zelfs al was dit geen lijden omwille van Hem. Het feit van het lijden alleen, schiep een diepe verbondenheid.

Dat bedoel ik met de concreetheid van het inwendig leven. Het feit dat Christus geleden heeft, verandert totaal het aangezicht van het aardse lijden. We kunnen nog steeds niet begrijpen waarom het lijden er is, maar we weten dat het zin heeft, omdat God het opgelegd heeft aan Zijn eigen Zoon, die volgens Zijn eigen getuigenis Zijn welbeminde was. En we weten dat Hij dit lijden, ondanks Zijn hartverscheurende smeekbede in de Hof van Olijven, niet van Hem heeft afgenomen, maar Hem erdoor heeft laten gaan, met alle daaraan verbonden bitterheid van verraad en lafheid en godverlatenheid. Wanneer wij dat zien, kunnen we nooit meer volkomen ongelukkig zijn, wat er ons ook mag overkomen in dit leven.

Er bestaat een beroemd getuigenis over het Jezusgebed, ook in het Nederlands vertaald onder de titel: "De weg van een pelgrim". Het zijn de levensberichten van een

Russische bedelaar, een mismaakte die slechts één arm bezat, en daarom op liefdadigheid was aangewezen. We zien hem trekken door de oneindige uitgestrektheid van het Russische land, op zoek naar het ware gebed, totdat hij een geestelijke vader vindt, een "starets", die hem op bijzonder rigoureuze wijze het Jezusgebed leert. Met in zijn eenvoud meeslepende taal schildert hij het geluk en de vervoering die hem na die tijd begeleiden op zijn zwerftochten, en die hem sterken in zijn lang niet altijd ongevaarlijke ontmoetingen.

Die "startsy" vormden min of meer een school van geestelijke leidslieden, die veel hebben bijgedragen tot de religiositeit van het Russische volk, juist ook door middel van dit Jezusgebed, dat gedragen werd door hun levende godsdienstzin. Van alle kanten kwamen de gelovigen hen opzoeken: ook Dostojevski heeft dit gedaan, en er een prachtige, wel wat geromantiseerde, beschrijving van gegeven in de Gebroeders Karamazov.

Hier lijkt me de plaats om te wijzen op een bijzonderheid van de orthodoxe spiritualiteit die niet zo voor de hand ligt. Waar een orthodoxe christen vooral naar streeft is niet op de eerste plaats een deugdzaam leven, ook al kan dit natuurlijk niet gemist worden, doch naar transfiguratie, verheerlijking, omvorming. Een van de belangrijke feesten van het kerkelijk jaar, ook in het bewustzijn der gelovigen, is de verheerlijking op de berg Tabor, toen Christus voor de ogen van Zijn drie uitverkoren leerlingen van gedaante veranderde. (6 augustus). Deze wordt niet beschouwd als een min of meer los voorval uit Christus' leven, maar als een belofte voor ons allen. Hier wordt even iets zichtbaar van de eigenlijke zin van het menselijk leven, dus iets wat ieder van ons persoonlijk aangaat. Daardoor krijgen we een vaag vermoeden welk een geweldige inhoud verborgen ligt achter dat zinnetje uit het scheppingsverhaal: "God schiep de mens naar Zijn ikoon en gelijkenis..." (misschien wel het meest geciteerde bijbelvers in de geschriften der orthodoxe theologen). Het gaat hier om de kern van heel het orthodoxe mensbeeld.

De wens van Adam om als God te zijn, is de uiting van het diepste mensenverlangen, de eigenlijke drijfveer achter al zijn handelen. Adam meende dit te kunnen bereiken door het stellen van een daad, het te kunnen grijpen uit eigen kracht, en verviel daardoor in de leugen, de oorsprong van al het kwaad op aarde. En daardoor schonk hij de macht over de mens aan hem die de leugenaar en de moordenaar is vanaf den beginne. Gods ikoon, die in de mens was afgedrukt, werd onherkenbaar verminkt. De mens die wilde opstijgen tot het God-zijn, viel omlaag tot een niveau dat vaak nog beneden dat van het dier ligt: ten prooi aan alle verdwaasde hartstochten die in een mensenbrein maar kunnen opkomen, en waardoor hij niet alleen de schepping, maar ook zijn medemens tot voorwerp degradeerde, een middel om te voldoen aan zijn begeerten, een ding wat in bezit genomen kan worden.

Maar in Christus is Gods ikoon weer helder opgestraald, en op de Tabor is eindelijk weer zichtbaar geworden wat het mens-zijn eigenlijk is. Daar zien we iets van de bedoeling die God had met heel de schepping, want alle stof heeft deel aan de verheerlijking van dat stuk levende en denkende stof: de mens.

In het leven van sommige heiligen wordt zichtbaar wat de mens op aarde had kunnen zijn: de centrale figuur waarin Gods liefde zichtbaar wordt in al haar tederheid en al haar kracht; een middelpunt van harmonie, ondanks alle tegenspraak die zelfs ook zij onvermijdelijk oproepen. Ook in onze tijd leven zulke mensen, en een echte ontmoeting met hen blijft onuitwisbaar in onze geest gegrift.

Diezelfde liefde tot Christus maakt dat een orthodoxe christen ernaar streeft om dagelijks voor zichzelf wat in het evangelie te lezen, omdat we daar Zijn woord nog altijd levend bij ons hebben. We kussen graag het evangelieboek, zoals Maria Magdalena de voeten van Jezus kuste, want in de tekst ontmoeten we Hem persoonlijk.

Ieder heeft natuurlijk zijn eigen voorkeuren, maar we kunnen toch zeggen dat de Orthodoxe Kerk als geheel een bijzondere voorliefde heeft voor het evangelie van Joannes, de leerling dien Jezus beminde, omdat hij met zulk een liefdevolle aandacht de woorden en daden van Christus beschouwt en tot de diepste betekenis daarvan doordringt. Zijn naam in de orthodoxie luidt dan ook niet: Joannes de Evangelist, de verhaler, maar: Joannes de Theoloog, de Godskenner. Hierbij valt op te merken dat in de orthodoxie dit woord ook vrijwel alleen in deze concrete betekenis wordt gebruikt. Men kent wel beoefenaars van de godsdienstwetenschap, zowel leken als geestelijken, maar de naam theoloog wordt, behalve aan Joannes, slechts aan twee anderen toegekend: Gregorios van Nazianze, en Simeon de Nieuwe Theoloog, beiden diepzinnige mystici, schouwers van God.

Dit geeft aanleiding om iets te zeggen over de orthodoxe theologie. In haar pogingen om het onzegbare te verwoorden kan deze een abstracte indruk maken, maar de praktijk ervan is een gloeiende liefde tot Christus. Dezelfde theologen die een heel gedachtenbouwwerk hebben opgetrokken rond de centrale ideeën van ikoon-zijn en verheerlijking, zijn ook de verkondigers van het Jezus-gebed. De bekendste onder hen is wel Gregorios Palamas en heel de school van geestelijke leidslieden die in zijn gevolg is opgestaan, en van wier leer ook nu nog het beste deel van de athosmonniken leeft.

Om dezelfde reden noemt de orthodoxe theologie zichzelf gaarne: 'mystieke theologie'. Er heerst een bijzonder sterk besef van de onkenbaarheid van God, zoals ook Christus gezegd heeft: niemand heeft ooit God gezien. Wanneer ons menselijk verstand te beperkt is om zelfs maar de stoffelijke werkelijkheid in een samenhangend en algemeen aanvaard geheel te omvatten, dan is het nog veel minder in staat om geldige uitspraken te doen over de onzienlijke realiteit. We kunnen alleen maar tasten en stamelen, en terugtrekkende bewegingen maken door weer te ontkennen wat we eerst moeizaam hebben geabstraheerd.

Toch leidt dit alles niet tot een weifelende houding, maar juist tot een zich nog vaster hechten aan wat God van Zichzelf heeft doen kennen in de openbaring, en door middel van Zijn eigen Zoon, die óns vlees heeft aangenomen. Daarom is er in de orthodoxie ook een sterke protesthouding tegen een streven in de moderne westerse theologie, die het evangelie en de persoon van Christus wil onderwerpen aan sociologische categorieën en aan historische en literaire tekstkritiek. Temidden van alle onzekerheden en twijfels van dit leven hebben we juist Christus als de vaste grond van ons bestaan. En wanneer we met Paulos zeggen: "als Christus niet verrezen is, dan waren wij de ongelukkigste van alle mensen", dan is dat geen retorica maar een heftige overtuiging.

Natuurlijk kunnen deze zaken niet bewezen worden, maar welke gewichtige zaak kan wél onomstotelijk bewezen worden? Daarom is het juist een kwestie van geloof. Wanneer wij de stem van Christus horen, dan komt binnen in ons de overtuiging tot stand: dit is de waarheid, Hij Ís de waarheid.

En heel ons verdere geloofsleven is daarvan de onherroepelijke consequentie. Met Zijn uitspraken kunnen wij niet schipperen, ze relativeren alsof ze van een verheven doch tijdgebonden mens afkomstig zijn. Wij kunnen geen Boeddha plaatsen naast Christus. Wanneer Hij zegt: "Ik ben de weg, de waarheid en het leven", dan heeft die uitspraak een absolute geldigheid. Dan is er buiten Hem geen weg en geen waarheid, doch alleen de dood. Christus zelf gebruikt het harde woord: "alle anderen zijn slechts dieven en rovers".

Het gaat hier niet om al of niet verdraagzaam zijn, maar om het eerbiedigen van een goddelijke gave. Wij mogen die hemelse parel niet vertrappen, of we zijn slechts zwijnen. We willen alle eerbied en geduld opbrengen voor hen die dit inzicht missen, maar zij mogen niet van ons verlangen dat wij zelf dit inzicht prijsgeven. En wanneer bepaalde, zelfs vooraanstaande orthodoxen de schijn geven van een grotere vrijzinnigheid, dan mogen we niemand de illusie laten dat zij voorlopers zouden zijn van een hernieuwing in de Orthodoxe Kerk. Want als hun uitdrukkingen meer zouden betekenen dan beleefdheidsfrasen (waar sommige zuidelijke volken heel ver in gaan), dan snijden zij zichzelf af van de levende orthodoxie die altijd met Paulos zal uitroepen: "Christus, gisteren en heden, en dezelfde in alle eeuwigheid".

Deze liefde tot Christus als een concrete persoon, leidt vanzelf tot grote belangstelling en vriendschap voor alles en ieder die met Zijn werk in verband staan. Er is een grote genegenheid voor Zijn moeder, de maagd Maria, uit wie Hij ons menselijk vlees heeft aangenomen. Het is altijd in deze verhouding dat zij gevierd wordt, nooit omwille van haarzelf. Wij voelen ons ook ten zeerste verplicht aan de apostelen en evangelisten, door wie wij Christus hebben leren kennen, door wie Zijn evangelie tot ons gekomen is. Dit geldt in het bijzonder van de heilige Paulos, die als eerste de blijde boodschap aan de heidenen, aan de wereld heeft gebracht. Daardoor is hij juist de apostel bij uitstek geworden, ofschoon hij niet tijdens het aardse leven van de Heer door Hem als Zijn leerling geroepen was. En wanneer in de Orthodoxe Kerk over "de apostel" gesproken wordt, dan bedoelt men daarmee de lezing uit de brieven van Paulos.

Op een heel vanzelfsprekende manier heeft deze kring van liefde en verering zich uitgebreid tot de andere vrienden van Christus. Dat zijn allereerst zij die hun leven hebben gegeven om van Hem te getuigen, en die daarom martelaren worden genoemd. En verder zij die hun leven zó in Zijn dienst hebben gesteld, dat zij een meeslepend voorbeeld voor de anderen zijn geworden: de kring van Zijn heiligen. Maar steeds geldt weer: wat wij in hen waarderen is niet zozeer hun eigen persoonlijkheid als groot of edel mens, maar hun verhouding tot Christus, hun aandeel in Zijn werk dat nog steeds voortduurt over de aarde; dus hun plaats in het verlossingsplan, of volgens een geliefde orthodoxe uitdrukking: de heilseconomie.

Nog verder breidt deze kring van liefdesbetrekkingen zich uit in de wereld, en op deze plaats denk ik daarbij aan de ikonen, die zulk een typerend bestanddeel van het orthodoxe leven vormen. Het volgt alles uit de concreetheid, de levende werkelijkheid van Christus' menswording, waarover ik al enige malen sprak. Het feit dat God een stoffelijk lichaam heeft aangenomen, schenkt daardoor aan de stof het vermogen om een boodschapper van God te kunnen worden. Het is diezelfde concreetheid die wij vinden aan het begin van de eerste Johannesbrief: "Hetgeen was van den beginne, dat wat wij gehoord hebben, wat wij met onze eigen ogen hebben gezien, wat wij waargenomen hebben, wat wij met onze handen getast hebben van het Woord des Levens... dat verkondigen wij u..." Omdat dit alles zo tastbaar werkelijk is, daarom kan iets van die werkelijkheid ook in daarvoor geschikte stof gevangen worden. Dat is de grondslag, enerzijds van de gevierde mysteriën of sacramenten, anderzijds van de afbeeldbaarheid in ikonen. Daardoor is de ikoon niet maar een of andere religieuze voorstelling, doch een afbeelding, door de kerk aanvaard, die op een bepaalde wijze ons in contact brengt met iets van Christus zelf. Daarom worden ikonen ook niet opgehangen als versiering, maar daar geplaatst waar gebeden wordt. En omdat wij Christus' voeten niet meer kunnen kussen, kussen we Zijn ikoon en bewieroken deze, en zalven die met welriekende olie.

We hebben het er nog steeds niet over gehad hoe een dergelijke geesteshouding nu tot stand komt. Dat is natuurlijk het werk van de kerk, maar op welke wijze gebeurt dit? Uit alles wat ik reeds gezegd heb, is naar ik hoop duidelijk geworden hoe harmonisch dit voortvloeit uit het bij uitstek liturgische karakter van het orthodoxe kerkelijke leven. Er bestaan bij ons geen kenmerkende theologische geleerdengroepen, die een bepaald theoretisch stelsel in het kerkelijk bewustzijn prenten. Die vormende kracht vloeit voort uit het dagelijkse leven van de kerk, het doorlopend gebed van de liturgische diensten, die als een ademhaling het geestelijk leven der gelovigen in stand houdt. Want daarin komen alle waarheden van het geloof levend tot uiting.

Want in de liturgische gebeden vinden we nog veel duidelijker de reeds opgenomen kwaliteiten van het persoonlijk geestelijk leven terug. Hier is de gedachte altijd op het concrete gericht, op een wijze die eigenlijk niet sterker kan. Wanneer wij in de mysteriën en het lijden en de opstanding van Christus vieren, dan beseffen wij dat we daar op een geheel eigen wijze werkelijk bij tegenwoordig zijn. Telkens ontmoeten we weer met nadruk de woorden *nu* en *heden*. Ik geef hiervan enkele voorbeelden uit de Paascanon:

Nu is alles vervuld van licht: hemel en aarde, en ook het onderaardse. Laat dan ook de ganse schepping de opstanding van Christus vieren, in welke zij gegrondvest is.

Gisteren werd ik met U begraven, o Christus; heden word ik met U in de opstanding mede-opgewekt, nadat ik gisteren met U was gekruisigd.

Heden verheugt en verblijdt zich de gehele schepping, omdat Christus is opgestaan en de hel vertreden heeft. Heden heeft de Heer de hel geplunderd en de geboeiden opgewekt, die daar sinds de eeuwen gekluisterd waren.

In de liturgie heerst een geheel eigen tijdbeleving. Wat Christus als mens gedaan heeft, is bijna tweeduizend jaar geleden gebeurd. Maar de betekenis van Zijn handelen ligt in Zijn God-zijn, en dat is niet aan de aardse tijd onderworpen, maar gebeurt in het eeuwige *nu* van Zijn goddelijk wezen. Juist daardoor bezit dit handelen kracht, ook voor ons en voor alle nog komende geslachten. Door de liturgie treden wij in deze tijdeloze ruimte, daar zijn wij bij de Verlosser, daar hebben wij deel aan wat Hij voor ons verricht heeft. In dat opzicht zijn de apostelen "die in Zijn nabijheid ademen mochten", zoals een lied van de Goede Week zingt, niet bevoorrecht boven ons. In het geloof, in het mysterie, zijn we bij Hem, Hij spreekt ons toe, wij horen Hem:

> O, Uw goddelijke, Uw lieve, Uw allerzoetste stem, want vast hebt Gij beloofd met ons te zullen zijn, tot der eeuwen einde, o Christus. Dit houden wij, gelovigen, vast als het anker onzer hoop, en wij juichen.
>
> (eveneens uit de paascanon)

U moet goed begrijpen dat dit voor de orthodoxe christen niet betekent een zich terugtrekken in een fantasiewereld, waar hij zich dit alles zo voorstelt. Het gaat om een doorleefde werkelijkheid, niet om wensdromen; een werkelijkheid die gegrond is op de nadrukkelijke belofte van Christus, die niet liegen kán, omdat Hij de waarheid ís. Wanneer Christus iets meedeelt, dan Ís het zo. Natuurlijk zijn we mens, en natuurlijk zullen we pogingen in het werk stellen om te begrijpen hóe het zo is, of waarom, of in welk verband. Maar omdat we overtuigd zijn van de beperktheid van ons menselijk denkvermogen, deert het ons niet of we het wel of niet kunnen begrijpen, of slechts een vaag vermoeden kunnen koesteren hoe dat wel in zijn werk gaat. En we zullen nooit bewust Zijn uitspraken begrenzen omdat ze misschien niet in overeenstemming te brengen zijn met onze gedachtegang, of met de eigenschappen der dingen voor zover wij die kennen, of met de redeneringen die op het ogenblik in de mode zijn.

Vanuit dit gezichtspunt aanvaarden we wat Christus zegt: "Mijn vlees is werkelijk spijs, Mijn bloed is werkelijk drank", en ook: "Dit (brood) is Mijn lichaam... deze (wijn) is Mijn bloed." We aanvaarden dit met bijzondere vreugde en dankbaarheid, ook al kunnen we niet begrijpen hoe dit mogelijk is. Maar wanneer een moderne katholieke theoloog deze stralende werkelijkheid probeert terug te dringen tot het niveau van "een kopje thee met een koekje van je lieve tante", kunt u zich dan niet voorstellen dat zulk een uitspraak in onze oren knerpt als het gillend gekras van een tram in de bocht, en als een staalborstel raspt over blootgelegde zenuwen? En als zulke uitspraken nodig zijn omwille van een oecumenische overeenstemming, dan zal dit in de ogen van de orthodoxie altijd een volkomen valse oecumene zijn, waar zij zich huiverend van zal afwenden.

U zult van mening zijn dat ik bezig ben met het bedrijven van polemiek in plaats van met een uiteenzetting van de orthodoxe spiritualiteit. Maar ik geloof dat in deze tijd een zekere polemische houding welhaast opgedrongen wordt aan het orthodoxe karakter (dat uit zichzelf veel eerder irenisch gezind is) omdat juist in deze tijd zoveel grondwaarheden van het christen-zijn in twijfel getrokken worden, niet eens zozeer door de buitenstaanders, maar door vele christenen zelf. En als haar eerste opdracht heeft de Orthodoxe Kerk in alle eeuwen gezien, dat zij de trouwe behoedster moest zijn van het haar toevertrouwde pand, omdat zij zichzelf weet als de op aarde voortlevende Christus, ondanks al haar menselijke zwakheid en zondigheid.

Juist het besef van deze werkelijkheid doet een orthodox zich innig hechten aan zijn kerk, terwijl hij tegelijk heftig kritiek kan uitoefenen op de tekortkomingen van haar leiders. Wanneer in de Goddelijke Liturgie de geloofsbelijdenis gezongen wordt, dan zult u in alle orthodoxe kerken zien hoe bij de woorden: "(ik geloof)... in een heilige, katholieke en apostolische kerk..." de gelovigen zich bekruisigen, omdat er een bijzondere snaar bij hen wordt aangeraakt. De uitroep van George Tyrrel: "het woord katholiek klinkt mij als muziek in de oren, want het roept mij voor ogen de uitgestrekte, alles omvattende armen van Hem, die aan het kruis gestorven is voor heel de wereld", is ons uit het hart gegrepen.

Een ander punt dat mij steeds weer treft in de liturgische gezangen is de liefdevol nauwkeurige aandacht voor de persoon van Christus. In elke liturgie wordt het verlossingswerk in zijn geheel gevierd en tegenwoordig gesteld, maar tegelijk wordt dit in zijn bijzonderheden verdeeld over de kring van het kerkelijk jaar, waarbij telkens een bepaald aspect onder ogen wordt gezien. Als voorbeeld zou ik enkele zangen willen aanhalen van het feest dat wij morgenavond vieren, de vooravond van de zesde zondag van de paastijd, de zondag van de blindgeborene. Geheel in overeenstemming met het betreffende hoofdstuk van het Johannesevangelie, wordt het thema uitgediept van Christus, het licht van de wereld. Merk op hoe aandachtig men zich ook de toestand van de blinde voor ogen stelt, en tegelijk zijn historische situatie van dat ogenblik geplaatst wordt in het wijde perspectief van het heilsplan:

De blindgeborene sprak tot zichzelf: ben ik blind om de zonden van mijn ouders? Werd ik zo geboren om te getuigen voor het ongeloof der volkeren? Ik ben niet in staat om te onderscheiden of het dag is of nacht. Mijn voeten lijden van het stoten tegen de stenen. Want de stralende zon heb ik nooit gezien, noch Hem die mij als Zijn ikoon geschapen heeft. Maar ik smeek tot U, Christus God: zie op mij neer en heb medelijden met mij.

Geestelijke Zon der gerechtigheid, Christus onze God, die door Uw zuivere aanraking hem, die vanaf de moederschoot van het licht was beroofd, zowel inwendig als uitwendig de ogen geopend hebt. Straal ook in de ogen van onze ziel en maak ons tot zonen van de volle dag, opdat wij vol geloof tot U mogen roepen: Vriend der mensen, hoe rijk en onzegbaar is Uw barmhartigheid over ons.

Ik ben blind aan de ogen van mijn ziel, maar ik kom tot U, Christus, zoals de blindgeborene. En vol berouw roep ik tot U: Gij zijt het helderstralende Licht voor allen die in het duister zijn.

Heden, de zesde zondag van het Pascha, vieren wij het wonder dat onze Heer en God en Zaligmaker Jezus Christus verrichtte aan de blindgeborene. Hij is de Vorst van het licht, het Licht zelf van alle licht. Door Uw grenzeloze barmhartigheid, Christus onze God, heb medelijden met ons, en red ons. Amen.

Gij zijt het licht van al onze zintuigen en van de ogen van ons sterfelijk lichaam, o God en Woord. Gij zijt ook de Schepper die geheel nieuwe ogen vormen kunt, zoals Gij het nu gedaan hebt uit slijk van speeksel en stof. Gij verlicht de blinde met Uw handen, die zowel het leem als het oog hebben gevormd. En hij die nooit het licht gezien had, mag U aanschouwen, de dierbare Zon en de ikoon van Hem, die ons in onzegbare goedheid heeft geformeerd.

Dit zijn enkele zangen genomen uit een willekeurige zondag van het kerkelijk jaar. Hebt u opgemerkt hoeveel van de hiervoor behandelde punten in deze enkele regels worden aangeroerd? En dan op zulk een levende wijze, verbonden met een praktische werkelijkheid?

Zo klinkt de taal waaruit de persoonlijke orthodoxe spiritualiteit is gevormd. Zo wordt ons telkens opnieuw onze Heer in Zijn levende en werkdadige aanwezigheid voor ogen gesteld. Het is dezelfde stem die aan de leerlingen van Emmaüs de Schriften verklaarde, en ook ons hart raakt in brand wanneer wij die stem horen. Er is zo'n overvloedige rijkdom aan schoonheid en gloed dat ik zou willen blijven aanhalen, maar losgerukt uit het liturgisch verband klinkt die stem natuurlijk veel zwakker. Ook uit tijdnood beperk ik mij dus tot wat schematische aanduidingen.

Het hart van de kerkelijke diensten is, wat wij noemen, de Goddelijke Liturgie, het avondmaal, de mis. Deze vormt de eigenlijke bestaansgrond van de kerk. Daar deelt Christus zichzelf uit als de spijs en de drank van Zijn lichaam en Zijn bloed. Daar verenigt Hij zich met ons, en daardoor worden wij in Hem met elkaar verenigd. Daardoor zijn wij mét elkaar Zijn lichaam, dus daardoor zijn wij mét elkaar Zijn kerk. En dat is geen theorie, maar doorleefde werkelijkheid.

Hieruit wordt dan duidelijk waarom de Orthodoxe Kerk altijd zo moeilijk is met intercommunie. Want de communie is het zíjn van de kerk zelf, en kan dus niet gebruikt worden als gebaar van goodwill of vriendelijkheid. Een gezamenlijke communie is pas mogelijk als we in de volle zin van het woord samen op Christus gericht zijn. Intercommunie kan alleen maar een sluitstuk zijn op de weg naar eenheid, nooit een uitgangspunt of tussenstation.

Het communiceren is in de Orthodoxe Kerk dan ook geen gewoontehandeling, maar iets waar men zich ernstig op voorbereidt, door overdenking, het deelnemen aan het kerkelijk officie, en de bicht met zondenvergeving. In al zijn vreugde is het een ernstige zaak, en de zang na de communie is een juichkreet:

> Wij hebben het ware licht aanschouwd; ontvangen de Heilige Geest; het ware geloof gevonden. Wij aanbidden de heilige Drie-eenheid: Deze heeft ons gered.

Hier zien we een aspect dat we nog niet hadden aangeroerd: er is ook zoveel te bespreken. Het gaat hierom: In Christus heeft zich niet slechts God zonder meer aan ons geopenbaard, maar God als de éne God in drie personen, drie hypostasen.

Wanneer er iets tegen ons "gezonde mensenverstand" ingaat, dan wel dit dogma, van de drie die toch een zijn. Het lijkt een dorre theoretische constructie, voortkomend uit de essentiële onbegrijpelijkheid van Gods wezen. Maar door de aanvaarding ervan krijgen we juist een nog veel concreter, en zelfs menselijker godsbeeld dan het monotheïstische jodendom schenken kon. Het is geen kerkelijke constructie; Christus heeft zich Zelf zo aan ons geopenbaard. Voortdurend spreekt Hij over de Vader die Hem zendt, die Hem opdrachten geeft, met Wie Hij in verbinding staat, tot Wie Hij zich richt in Zijn gebed, en van Wie Hij zich verlaten voelt in Zijn zwaarste uur. Het is de Vader die ook ons liefheeft wanneer wij Zijn Zoon beminnen, en Die daarom in ons komt wonen. En Hij leert ons hoe Hij Zijn Geest zal zenden, wanneer Hij zelf is heengegaan, om als een andere trooster bij ons te zijn, om Zijn aanwezigheid in ons levend te maken, om alles van Hem in onze herinnering te brengen, om ons te inspireren tot het werkelijke leven. Dit alles leeft sterk in het orthodoxe besef. Elk persoonlijk en elk officieel gebed begint met de volgende aanroeping van de Heilige Geest:

> Koning van de hemel, trooster, Geest der waarheid, Die overal tegenwoordig zijt, en met Wie alles vervuld is; schatkamer van alle goed, gever van het leven: kom, en verblijf in ons; zuiver ons van alle smet, en red onze zielen, o Algoede.

Deze bede om de Heilige Geest komt onophoudelijk terug. Een van de mooiste staat in de eucharistische canon van de Basiliosliturgie:

> ...Deze is de Geest der waarheid, de genadegave van het kindschap Gods, het onderpand van ons toekomstig erfdeel, de aanvang der eeuwige goederen. Hij is de levendmakende kracht, de bron der heiliging. Uit Hem put heel de kennende en geestelijke schepping de kracht om U te aanbidden en de nooit eindigende lof-

zang tot U omhoog te zenden. Want het heelal is er om U te dienen.

De Heilige Geest is de goddelijke kracht, die Gods werk in deze wereld mogelijk maakt. Elke wijding, elk sacrament geschiedt uit die kracht van Gods Geest. Dit geldt ook voor de Goddelijke Liturgie: ook daar wordt de Heilige Geest afgeroepen om onze aardse gaven van brood en wijn te herscheppen in de goddelijke gaven van het lichaam en bloed van Christus. Dat is de Epiklese, die typerend is voor de oorspronkelijke, en dus ook voor de orthodoxe liturgie.

Voor deze werkingen van de goddelijke kracht werd in de orthodoxie al heel vroeg het woord "energie" gebruikt. God deed Zich kennen door Zijn energieën, die goddelijk waren maar toch niet God zelf. Het doet heel merkwaardig aan om dit woord in het moderne denken juist terug te vinden in de natuurwetenschappen. Soms denk ik wel eens dat dit misschien een symbool is van een toekomstige synthese.

Ook in de liturgische gebruiken speelt de concreetheid van de orthodoxe godsdienstzin een grote rol. Het bidden is een bij uitstek geestelijke bezigheid, maar de orthodoxie kent niet die tweespalt tussen lichaam en geest, die in het Westen een veel grotere rol heeft gespeeld. De mens wordt essentieel beschouwd als een eenheid, en hij wordt dan ook in het gebed betrokken als de gehele mens, met zijn ziel en met zijn verstand en met zijn hart en met zijn lichaam in al zijn goede eigenschappen.

Het liefst staan wij in het gebed, als uitdrukking van onze waakzaamheid en bereidheid tot elke actie die God van ons vraagt. Wanneer we aanbidden, dan werpen we ons ook letterlijk neder, zoals ook het woord "aanbidden" in alle oude talen luidt. We werpen ons neder, niet alleen maar stijf rechtop op de knieën, maar geheel neergebogen tot op de grond, omdat we levend in onszelf voelen hoe oneindig hoog Gods heiligheid boven onze zondige beperktheid verheven is. We branden wierook om ons zichtbaar voor ogen te stellen hoe wij onze gebeden van alle zwaarte van aardse zorgen moeten ontdoen, opdat ze op kunnen stijgen tot de hemel. En de zoete geur verhaalt ons iets van het geestelijk aroma van Gods aanwezigheid. De bedienaren van de Sacramenten bekleden zich geheel en al met het feestelijk bruiloftskleed dat Christus opeiste voor Zijn koninklijke maaltijd, en tegelijk wordt hun alledaagsheid heerlijk overdekt door de goddelijke genade die hen tot die bediening geroepen heeft. Voor de gezamenlijke Eredienst geven we het schoonste wat we hebben: we maken onze altaarbenodigdheden van kostelijk materiaal; de componisten schrijven voor de Kerk hun meest geïnspireerde muziek; de zangen zijn het rijkste bezit uit de hele kerkelijke overlevering door de eeuwen heen. Wie stem heeft zingt mee in het koor. Als offerande voor ons binnentreden in de kerk branden we het blijde kaarslicht. De jongeren luiden de klokken, dragen de kandelaars, dienen in het altaar; anderen vervullen de functie van lezer, zorgen voor de versiering, borduren en naaien de feestgewaden, bakken het speciale brood voor de Goddelijke Dienst. Steeds wordt gepoogd om iedereen zoveel mogelijk bij de diensten te betrekken, zodat we niet alleen luisteren, maar ook actief handelen, meevieren, samenvieren, elk volgens eigen gave en opdracht, zoals het leven is in het lichaam van Christus.

Op deze wijze is elke liturgische gemeenschap werkelijk kerk. We zijn dan zelfs dé kerk, en beleven de volheid van ons christen-zijn. Van hieruit moet heel ons verdere leven de kracht vinden om dit ook in ons dagelijks bestaan, en in onze betrekkingen met anderen tot leven te brengen. Zo krijgt het liturgische gebed een grote vormende waarde, niet omdat die op een of andere wijze psychologisch daarin gelegd wordt, maar vanuit het eigen wezen, omdat zó de dienst iets is dat aan óns wezen raakt.

Hiermede is een soort rondblik over de orthodoxe spiritualiteit voltooid. Systematisch beschouwd, is deze inleiding bijna achterstevoren opgezet, want in feite is er natuurlijk eerst de kerk, en dan pas de individuele gelovige. Maar ik heb deze weg gekozen, omdat in het begrip "spiritualiteit" toch sterk de gedachte zit van een individuele geloofsbeleving. Daarom ben ik uitgegaan van het persoonlijke, en heb van daaruit gezocht waar die verschillende trekken vandaan komen die de orthodoxe christenen gemeen hebben, om zo te komen tot het grote verband van de kerk.

In aansluiting hierop wil ik kort ingaan op de vragen die in de oproep aan de inleiders gesteld worden.

Wat zien wij als taak van de orthodoxie temidden van de andere kerken? Onze overleden aartsbisschop, de in China, Europa en Amerika bekende en beminde Johannes Maximovitsj, zei vaak dat de Russische revolutie een straf was omdat de Russische Kerk tekortgeschoten was in haar missionaire roeping, en dat zij nu gedwongen over de aarde verspreid was om de orthodoxie bekend te maken. Om deze taak te vervullen is natuurlijk de eerste eis dat zij zichzelf blijft in die zaken die haar wezen betreffen, en zich aanpast waar dat passend is, bijvoorbeeld door het gebruik van de landstaal. Hoe zich dat ontwikkelt zullen we pas achteraf kunnen vaststellen, wanneer we Gods hand zien in de loop van de geschiedenis. Maar hier wil ik enkele voorlopige veronderstellingen maken.

Een belangrijke zaak waar de orthodoxie zou kunnen bijdragen lijkt mij een zuivering van het kerkbegrip. In de orthodoxe gedachtenwereld staat de kerk centraal, uitsluitend en alleen omdat deze een goddelijke instelling is. De kerk is het werktuig waardoor God handelt in deze wereld. De kerk is de middelaar waardoor wij met God verbonden zijn, juist omdat de kerk Christus zelf is, de nog steeds levende Christus in deze wereld, het mystieke lichaam van Christus. In de kerk wordt pas waar wat Paulos zegt: "Niet ik leef meer, maar Christus leeft in mij."

Deze gedachtegang wordt ook in andere woorden uitgedrukt: de kerk is een theandrische werkelijkheid, een God-menselijke samenwerking, met alle consequenties daarvan. Hoezeer ook een menselijke leiding kan tekortschieten en falen, hetzij uit zwakheid, hetzij uit machtsbegeerte, in de kerk als zodanig blijft het goddelijk leven aanwezig, krachtens Christus' onbedriegelijke belofte, dat Hij met haar zal zijn tot aan het einde der tijden.

Maar daar volgt tegelijk uit dat Zijn kerk nooit gelijkgesteld kan worden met de leiding ervan, of met de geestelijke stand, of met welke groep dan ook. Christus' kerk is uitsluitend het geheel der gelovigen, die levend met Hem verbonden zijn. Door deze feiten wordt de orthodoxe houding tegenover de oecumenische beweging bepaald.

Even schrijnend als ieder christen kwetst ons de verscheurdheid onder hen die de naam van Christus op zich nemen. En aan het begin van elke gebedsdienst staat de vredeslitanie, waarvan een der eerste beden elke dag telkens weer smeekt om "de eenheid der heilige kerken Gods..."

Maar die eenheid kan nooit een op zichzelf staand doel vormen. Wij moeten streven naar een-zijn met Christus; wij moeten Zijn waarheid zoeken, of liever erkennen, want die waarheid staat reeds midden onder ons. Want als we Zijn rijk zoeken en Zijn gerechtigheid, dan zal al het overige ons toegeworpen worden, en dan zal de eenheid vanzelf groeien, boven alle historische gescheidenheden uit. Maar dan moeten we het moeilijke werk op ons nemen van Zijn rijk te zoeken en niet onszelf, waartoe we steeds weer verleid worden. En dat zullen we alleen kunnen door voortdurend te vragen om de bijstand van Hem die ons versterkt.

Ik heb de indruk dat deze eerbied voor het wezen der kerk te zeer ontbreekt in de oecumenische beweging: de verschillende kerken worden vaak behandeld als een soort politieke partijen, die door onderhandelingen en compromissen tot overeenstemming zouden moeten komen. Men ziet progressieve voorposten en een conservatieve achterban, die langzamerhand omgeturnd moet worden. Over liturgie wordt geschreven alsof het gaat om een soort religieuze stemming, die gewekt moet worden door mooie muziek. Orthodoxie wordt behandeld als star conservatisme, of als een speciale oosterse kerkliefhebberij.

De ervaring leert dat het uiterst moeilijk is om zulke misverstanden te doorbreken. Maar ik hoop dat u tenminste een kleine twijfel in uzelf zult toelaten over de absolute geldigheid van zulke vooringenomen standpunten. Mag ik in dit verband hen die werkelijk belangstelling hebben voor een uiting van orthodoxie, uitnodigen om zich morgenavond niet tevreden te stellen met het draaien van Byzantijnse platen, maar mee te gaan naar Den Haag voor een levende dienst in het Nederlands, zodat men begrijpen kan waarom het gaat, en niet alleen maar een serie aangename klanken op zich af laat komen.

Een ander punt dat in de orthodoxie veel sterker leeft dan in andere kerken is, wat Chesterton eens genoemd heeft: "de democratie in de tijd, dat wil zeggen dat niet alleen de toevallig nu levenden, maar ook de gestorvenen een gelijkwaardige stem hebben in het kapittel". Juist de tegenwoordige mens neigt er bijzonder sterk toe, om het laatst verworven inzicht en de mode van de afgelopen tien dagen te verabsoluteren, en al het voorafgaande als van veel geringer belang te achten.

De roep om "eigentijds" zal in de orthodoxie begrip en sympathie ontmoeten, zolang het betekent dat de vaststaande waarheid steeds opnieuw vertaald zal moeten worden in de spraak van de nu levende mens. Maar wanneer daarbij de indruk gewekt wordt dat die waarheid zelf vernieuwd moet worden, of in ieder geval, dat men er vroeger niet zoveel van begrepen heeft en dat pas nu de ware kennis doorbreekt, dan gaan onze haren recht overeind staan. Dan nemen we een afweerhouding aan, niet uit obscurantisme, aderverkalking, verstarring, of welke andere lieflijke benaming men ons ook naar het hoofd slingert; maar uit liefde voor de volle waarheid, die in Christus aanwezig is maar niet in een mensenwoord. Daarbij is het heel menselijk dat zulke ondoordachte vernieuwingen juist de verstarring oproepen die men bestrijden wilde, omdat de gelovige in een noodzakelijke verdedigingspositie gedrongen wordt.

Op de andere vraag kan ik niets anders antwoorden dan dat wij ons kerkelijk verleden uit de aard van de zaak positief waarderen, omdat de Kerk de enige waarde is die wij te bieden hebben in een oecumenische ontmoeting, als dit woord tenminste werkelijk zin wil hebben.

Wat is onze taak als Nederlandse Orthodoxe Kerk? Ons ideaal is om de geweldige rijkdom van de Orthodoxe Kerk zichtbaar en meeleefbaar te maken in ons taalgebied. Daarvoor werken wij steeds aan het vertalen der liturgische boeken, en daarvoor proberen wij, met onze beperkte krachten, het geheel der orthodoxe diensten tot leven te brengen. Daarvoor hebben wij ook een gastenkwartier, opdat ieder die dit verlangt, aan dit leven kan deelnemen. Wij menen dat de orthodoxie aan iedere christen veel te bieden heeft, omdat zij veel waarden heeft vastgehouden die elders in de loop van de tijd verloren zijn geraakt. Het is een kwestie van: kom, hoor en zie, -zonder vooroordeel of vooropgezette mening-, en ik geloof dat men zich dan zal afvragen of daar geen echte inspiratiebronnen aanwezig zijn, juist voor een eigentijdse beleving van ons christen-zijn.

Wij doen ons best om een scheiding te trekken tussen kerkelijk leven en folklore, maar wij moeten er wel mee rekening houden dat wij onze verplichtingen hebben tegenover de Russische gelovigen die ons de orthodoxie gebracht hebben, en bij wie wij, in de moeilijke omstandigheden waarin zij verkeren, nog een taak hebben te vervullen. Zo volgen wij wel de nieuwe kalender omwille van de mensen in wier midden wij leven, maar vieren het paasfeest volgens de oude kalender, om onze verbondenheid met alle orthodoxe kerken die het dan vrijwel zonder uitzondering vieren, tot uitdrukking te brengen, al gaat dit bij ons dan ook met hartzeer gepaard.

Als besluit wil ik de preek voorlezen van de h. Joannes Chrysostomos, die het slot vormt van de viering van de heilige paschanacht. Veel van wat ik gezegd heb wordt daarin beknopt, doordringend, en in prachtige taal tot leven gebracht.

# PAASHOMILIE

*Van de h. Joannes Chrysostomos*

Zo iemand vroom en God-minnend is, laat hij genieten van deze schone en stralende plechtigheid. Zo iemand een goedwillend dienaar is, laat hij vol blijdschap binnentreden in de vreugde van zijn Heer. Zo iemand zich heeft afgetobd met vasten, hij neme nu zijn beloning in ontvangst. Zo iemand vanaf het eerste uur heeft gearbeid, hij ontvange vandaag het hem toekomende loon. Zo iemand na het derde uur is gekomen, ook hij viere feest vol dankbaarheid. Zo iemand na het zesde uur is ingegaan, laat hij niet aarzelen: immers, hij zal geen schade lijden. Zo iemand pas op het negende uur aankwam, laat hij toetreden zonder weifeling. Ja zelfs, zo iemand eerst ter elfder ure is gekomen, laat hij niet bang zijn wegens zijn traagheid: de Meester toch is mild, en aanvaardt de laatste zowel als de eerste.

Hij brengt in de rust hem die ter elfder ure aankwam zowel als degene die gearbeid heeft vanaf het eerste uur. De tragen betoont Hij Zijn medelijden, de eersten omringt Hij met zorgen. De een geeft Hij het hem toekomende, de anderen schenkt Hij om niet. Hun werken aanvaardt Hij, over de goede bedoeling verheugt Hij zich. De daad eert Hij, het goede voornemen prijst Hij. Zijt ge nog niet allen binnengegaan in de vreugde van onze Heer?

Eersten en laatsten, neemt uw loon in ontvangst. Rijken en armen, danst met elkander. Strengen en lichtzinnigen, viert deze dag. Gij die gevast hebt en die niet gevast hebt, verheugt u vandaag. De tafel is zwaar van de spijzen, komt er allen van genieten. Er is overvloed aan vers voedsel, laat niemand hongerig heengaan.

Komt allen genieten van het feestmaal des geloofs. Komt allen genieten van de rijkdom der goedertierenheid. Niemand klage over zijn armoede, want voor ons allen is het koninkrijk opgestraald. Niemand jammere over zijn fouten, want uit het graf is de vergeving opgebloeid. Niemand vreze meer de dood, want de dood van de Verlosser heeft ons vrijgemaakt. Toen de dood Hem vastgreep, heeft Hij die vernietigd.

Uitgeplunderd heeft Hij de hades, toen Hij in de onderwereld was afgedaald. Hij heeft hem verbitterd, toen deze geproefd had van Zijn vlees. Zoals Jesaja, dit voorspellend, heeft uitgeroepen: "Hades werd verbitterd, toen hij in de onderwereld met U samentrof."

Hij werd verbitterd, immers hij werd krachteloos gemaakt. Hij werd verbitterd, immers hij werd bespot. Hij werd verbitterd, immers hij werd tot lijk gemaakt. Hij werd verbitterd, immers hij werd teniet gedaan. Hij werd verbitterd, immers hij werd in boeien gekluisterd.

Hij kreeg in handen een lichaam, en hij bevond zich tegenover God. Hij greep aarde, en vond tegenover zich een hemel. Hij nam wat hij zag, en is gevallen door wat hij niet kon zien.

Waar is, o dood, uw prikkel?
> Waar, o hades, uw prooi?

Opgestaan is Christus,
> en gij zijt ter neder geworpen.

Opgestaan is Christus,
> en gevallen zijn de demonen.

Opgestaan is Christus,
> en de engelen verheugen zich.

Opgestaan is Christus,
> en leven heerst alom.

Opgestaan is Christus,
> en geen dode is er meer in het graf.

Want Christus, opgestaan uit de doden,
is geworden
> de Eersteling der ontslapenen.

Hem zij de roem en de kracht in de eeuwen der eeuwen.

Amen.

Archimandriet Adriaan
*mei 1972*
Klooster van Sint Jan de Doper
Dr. Kuyperstraat 2, Den Haag

# AANHANGSEL 1

*Over "wetenschappelijke" verhaaltjes*

Een halve eeuw geleden las ik een artikel van de Oostenrijkse bioloog Karl von Frisch over de bijentaal. Kortaf gezegd: een bij vindt een rijke voedselbron, keert verheugd naar de korf terug en voert daar een voedseldans uit, dat wil zeggen. zij loopt herhaaldelijk in een 8-vormige baan over de raat en schudt daarbij langzaam haar achterlijf heen en weer. De richting van de verbindingsstreep in de 8 toont aan de andere bijen in welke richting ze moeten vliegen, en het aantal kwispelingen tijdens die baan onderricht ze over de afstand van de nektarbron. Het is een prachtig verhaal, en sinds ik als h.b.s.'er het oorspronkelijke artikel gelezen had, ben ik het gemiddeld eens per jaar tegengekomen in kranten en tijdschriftartikelen, waaronder Scientific American; in boeken over biologie, psychologie, taalkunde, sociologie, en het laatst dit jaar in een vierdelig werk over de moderne natuurkunde.

Maar heeft niemand van al die mensen dan ooit een bijenkorf gezien? Een donkere ruimte, waar geen straal licht kan binnendringen, volgehangen met verticaal geplaatste raten waar tienduizenden bijen door en over elkaar krioelen als het kwadraat van een verkeerspiek op het Place de l'Étoile. En in dat gekrioel zouden ze overzicht moeten krijgen van de weg die een individu aflegt op een verticale raat, die dan een horizontale betekenis moet hebben, en in de volkomen duisternis moeten ze tellen hoevaak die ene bij met haar lijf schudt, terwijl ze zich moeizaam een weg door de menigte baant. Wanneer ooit een practical joke geslaagd is, dan wel déze, die nu al vijftig jaar lang eerbiedig wordt doorverteld als pure wetenschap, zonder enige kritiek.

Een heel ander voorbeeld. De mens is wel een rechtopgaand wezen, maar zijn blik blijft toch in hoofdzaak op de aarde gericht. Maar de luchtbombardementen uit de oorlog dwongen onze blikken omhoog, zodat we gewend raakten de hemel te bekijken, en daarbij ook een aantal verschijnselen opmerkten die niet direct pasten in onze dagelijkse ervaring. Als systematisch handelende diersoort geven we aan zulk soort verschijnselen een verzamelnaam, volgens de heersende mode een beginletterafkorting: UFO's.

Nu is het leuk om te zien welk een magie een naam uitoefent, en heus niet alleen bij primitieve volkeren. Iets wat een naam heeft, moet ook een ding zijn. En al heel gauw begonnen verhalen op te duiken over vliegende schotels, die bemand waren met superieure wezens van andere planeten, met name

Venus, en die werden beschreven tot in de kleinste details. Nu kunt u me tegenwerpen dat, ofschoon de voornaamste sprookjesverteller zelfs hier ten paleize ontvangen is (Adamski), toch het merendeel der mensen deze zaak als fantasie heeft afgedaan, zij het dan met de achtergedachte: je kunt het toch nooit helemaal zeker weten, misschien is er toch wel iets van waar. Maar dit is niet mijn eigenlijke punt, ik wil het alleen gebruiken ter illustratie van dergelijk gedrag op veel wetenschappelijker terrein.

In de sterrenkunde zijn we gewend geraakt om zeer vergaande conclusies te trekken op grond van uiterst minieme gegevens, omdat we nu eenmaal over geen andere feiten beschikken. Daardoor is de controleerbaarheid natuurlijk ook maar uiterst gering, doch dat maant helaas slechts weinigen tot voorzichtigheid. Ik moet nog een aanloopje maken.

In de vorige eeuw werd een Italiaanse astronoom wereldberoemd door het ontdekken van kanalen op Mars. We maken er ons nu vrolijk over omdat we weten dat zijn ontdekking berustte op de onvolkomenheid van de toenmalige telescopen, en op de onbedwingbare eigenschap van het oog om wazige punten door lijnen te verbinden (daar heb je het weer!) Maar toen was het een serieus wetenschappelijk feit en onmiddellijk gingen rekenaars aan het werk om te becijferen hoe breed zo'n kanaal wel moest zijn om hier op aarde waargenomen te kunnen worden. Het merkwaardige is nu dat de enorme getallen die hierbij tevoorschijn kwamen niet leidden tot een gezonde kritiek op die waarnemingen, maar tot allerlei speculaties over de geweldige beschaving die op Mars geheerst moest hebben om zulke ingenieurswerken tot stand te brengen.

Wij kunnen daar nu om lachen, vooral sinds de prachtige marsfoto's die de Amerikaanse waarnemingssatelliet naar ons seint, maar laten we dan ook beseffen dat over enkele jaren we zelf uitgelachen zullen worden om een ander sterrenkundig sprookje dat in de huidige wetenschappelijke wereld opgeld doet.

Sla maar een willekeurig wetenschappelijk tijdschrift open. Twee tegen een dat er een of ander bericht in staat over de laatste stand van de quasarkwestie. Deze stamt weer uit precies dezelfde magie van een naam. Radiotelescopen vingen een aantal onbegrepen signalen op uit kleine hemelgebieden. Die signalen kregen een verzamelnaam: QUAsi stellAR objects, quasars. En weer werkt die psychologische wet: wat een naam heeft moet een ding zijn. Dus slaan de wijzen aan het rekenen en komen met schitterende verhalen over superdichte neutronensterren, waar een vingerhoed materie de massa van de halve aarde bezit, die tientallen malen per seconde om hun eigen as wentelen, en een onvoorstelbare straling afleveren, helaas op even onvoorstelbare afstand. Ik geef direct toe: het zijn schitterende verhalen, die getuigen van een enorm wiskundig vernuft.

Maar wat ik niet begrijp, is de ontzaglijk smalle feitenbasis waarop dit alles steunt, als een piramide van Gizeh die ondersteboven balanceert op zijn naaldscherpe top. Het zijn ijle veronderstellingen, die ons in alle vaktijdschriften worden gepresenteerd als de solide resultaten van modern onderzoek.

Ik wil toch ook nog even terugkomen op de in de inleiding vermelde microbe met zijn duizend verschillende soorten eiwitten. Als scheikundige weet ik toevallig welk een grote hoeveelheid vernuft, inspanning en energie het kost om een enigszins ingewikkeld molecule samen te stellen, en hoe klein dan nog de opbrengst is vergeleken met het uitgangsmateriaal, en hoeveel uiterst hinderlijke bijproducten er ontstaan in de loop van het proces. En om de benodigde bewerkingen uit te voeren is er een goed ingericht laboratorium nodig, met op de achtergrond een grote chemische industrie die de benodigde zuivere chemicaliën moet leveren, en dan nog zijn er allerlei ingewikkelde apparaten nodig: roertoestellen, schudinrichtingen, scheitrechters, destilleerkolven, hogedruktoestellen, afzuiginrichtingen, verhittingsovens en koelmachines.

En wat we dan kunnen maken zijn nog altijd maar betrekkelijk eenvoudige stoffen; het lijkt er in de verste verte niet op dat we ooit zoiets ingewikkelds als een echt eiwit zullen fabriceren. Van de miljarden soorten eiwit die er op aarde bestaan, weten we van nog geen tien hoe ze precies in elkaar zitten. Want het is niet voldoende om te weten welke onderdelen erin zitten, hun werking berust op de wijze waarop die onderdelen aan elkaar verbonden zijn. Met eenzelfde lading bakstenen kunnen we een kathedraal bouwen of een klinkerweg.

Toch verricht elke, voor het blote oog onzichtbare, levende cel al dit werk, met een onvoorstelbare nauwkeurigheid, zonder enig instrument, en bij gewone temperatuur. In scheikundig opzicht bevat één enkele microbe meer wijsheid dan alle universiteitslaboratoria van de gehele wereld bij elkaar. Maar met een heilig vuur wordt ons door de wetenschap verteld dat dit alles maar per toeval ontstaan is, dat het allemaal vanzelf gebeurt. "Dit noemen wij self-assemblage", zegt Asimov heel trots in zijn natuurkundeboek.

Een bijzonder mooi verhaal is ook, hoe de motor der evolutie op gang is gebracht. De onveranderlijke voortplanting van de soort wordt tot stand gebracht door bepaalde moleculen, de genen, een reproductiewerktuig van onvergelijkelijke nauwkeurigheid. Maar zo ongeveer eens op de honderdduizend keer gebeurt er een klein ongelukje en wordt een verkeerd gen afgeleverd, dat ook weer zichzelf in die nieuwe vorm reproduceert. De meeste van die ongelukjes zijn ook inderdaad een ongeluk, er ontstaan mismaakte individuen zoals bijvoorbeeld de softenon-kinderen. Maar, weer ongehinderd door enige wiskundige waarschijnlijkheid, wordt aangenomen dat een redelijk percentage van die afwijkingen iets beters oplevert dan het oorspronkelijke. Dan zal, door de werking van de natuurlijke teeltkeus, die immers zorgt dat de beste exemplaren de meeste levenskansen krijgen, die nieuweling onvermijdelijk de heersende soort gaan worden. En dit proces herhaalt zich en herhaalt zich (en niemand die de moeite neemt om eens te gaan schatten hoeveel tijd zoiets gaat nemen wanneer het allemaal per toeval gebeuren moet), en de microben veranderen langzamerhand in planten, in holtedieren, en die weer in onder andere werveldieren: vissen, amfibieën, reptielen, zoogdieren. En eindelijk staat daar dan de mens als eigenlijk een verongelukte bacterie.

Er wordt toch wel een buitengewone hoeveelheid gelovigheid vereist om een ongelovige te kunnen zijn. Is het dan niet veel wetenschappelijker om met Paulos te zeggen: "Met enig nadenken kan God door een ieder uit Zijn schepping duidelijk worden gekend"?

# AANHANGSEL 2

Hoe sta ik nu echter als gelovige tegenover de geweldige groei van de natuurwetenschappen in deze tijd? Om het eerlijk te zeggen: ik ben er verrukt van. Hoe meer inzicht ik begin te krijgen in de grootheid van de schepping, des te helderder wordt het vermoeden dat ik heb over de grootheid van Hem die deze geschapen heeft. Het knusse heelal van drie dagreizen uit de Goddelijke komedie van Dante, is met elke nieuwe telescoop groter geworden, zodat het slechts gemeten kan worden met de duizelingwekkende maatstaf van het lichtjaar. En zelfs daarvan, van deze eenheid die van hier tot aan de naaste sterren reikt, zijn er miljarden nodig om het reeds min of meer gekende heelal af te perken, zonder dat er een einde in zicht komt. Wat kan ik anders hebben dan eerbied voor Hem die dit heelal vervult, Die het beweegt, Die het in Zijn hand draagt? De hemelen verhalen Gods heerlijkheid...

En dan is er die geheimzinnige kracht welke dit heelal bijeenhoudt: de zwaartekracht, de algemene aantrekkingskracht der materie, die ons vasthoudt op deze aarde, die onze aarde doet wentelen rond de zon, die heel ons zonnestelsel in een kosmische rondedans van miljarden jaren door ons melkwegstelsel voert, dat biljoenen sterren bestaat, de meeste veel groter dan onze zon. En diezelfde kracht verbindt ons melkwegstelsel met de ontelbare andere die uitgezaaid zijn in het heelal, en die alle elkaars bewegingen beïnvloeden.

Deze aantrekkingskracht is geheel enig onder alle krachten die wij kennen, onmerkbaar klein in onze directe omgeving, maar onbegrensd doorgroeiend naarmate we meer stof in onze beschouwing betrekken, zonder enige tegenkracht die ook maar ergens de werking ervan teniet kan doen.

Sinds Newton hebben we geleerd hoe we met behulp van deze kracht de bewegingen van maan en planeten, van zon en sterren aan de hemel kunnen berekenen en voorspellen. Maar in onze tijd beginnen we te ontdekken dat dit nog pas de eerste strofe is van een lied, met nog veel rijker inhoud. We zien nu de zwaartekracht als de eigenlijke scheppende macht in de stoffelijke wereld. De gecombineerde berekeningen van natuurkundigen en sterrenkundigen roepen vanuit verschillende richtingen het beeld op van gassen en nevels die zich samenballen tot onvoorstelbaar hete zonnen, waarbinnen de enkelvoudige atomen van het waterstofgas samengebakken worden tot alle bekende elementen met hun wondere eigenschappen, die door kosmische explosies weer over de ruimte verdeeld worden, en daar weer tot planeten kunnen samensmelten.

Kan er een rijker beeld bestaan van Gods alomtegenwoordige en scheppende aanwezigheid, dan deze allesdoordringende natuurkracht? Zal er niet eens een nieuwe psalm gedicht worden, die dit inzicht onder woorden brengt? Zal voor de meesten van ons langs deze weg God niet eerder een realiteit vormen dan langs de weg van filosofische bespiegelingen?

Ik sprak over de chemische wijsheid die besloten ligt in een enkele levende cel. Maar wat moeten we dan denken van de wijsheid die heel de levende schil van deze planeet doordringt, die de diersoorten tegen elkaar afweegt, die de oogverrukkende schoonheid tevoorschijn brengt in ding en plant en dier, die de wonderbaarlijke instincten leidt waarmee elke soort zich op zo'n afwisselende en fantasierijke wijze in stand houdt. Een wijsheid die ook de samenleving van de mens heeft mogelijk gemaakt, die nu het aanschijn van de aarde verandert, hetzij ten goede, hetzij ten kwade.

Dat is de goddelijke wijsheid, die bezongen wordt door de psalmist en de profeten, en die zich voor onze ogen steeds meer verdiept, naarmate wij uitzicht krijgen op de wijsheid van Zijn werken.

Wanneer wij de benauwende oogkleppen van het ongeloof van ons afschudden, dan is er voor onze verbaasde ogen steeds meer te zien. Hier is Christus ons zelf voorgegaan, toen Hij sprak over de schoonheid van de gewone veldbloemen, die door geen heerlijkheid van Salomo ook maar benaderd kon worden. Die zich terugtrok onder de stralende sterrenhemel van de woestijn. Die bergen beklom om te bidden, om contact te hebben met Zijn Vader.

Mag ik in deze richting een gedachte uiten? Wat is in biologisch opzicht de zin van de gedaanteverwisseling van insecten, in het bijzonder die van de vlinders. Wat betekent het, dat een onaanzienlijke rups, kruipend over de aarde, voorzien van niets dat aan zijn toekomstige luister denken doet, op een bepaald moment sterft in een eigengemaakte doodkist, en daaruit weer tevoorschijn komt in oogverblindende kleurenpracht, vrijgemaakt van de aarde, omhoogfladderend in de stralen der zon, zich voedend met nektar en soms met niets. Mag ik dan geloven dat zij ook geschapen zijn om ons een levend zinnebeeld voor ogen te stellen van de opstanding, als wij uit dit vernederd lichaam des doods eens in volle luister zullen verrijzen in het geestelijk lichaam van het eeuwige leven?

## *Uitgeverij Orthodox Logos*

- *De Orthodoxe Kerk: Verleden en heden* – Jean Meyendorff
- *Biecht en communie* – Alexander Schmemann
- *Verliefd Zijn op het Leven* – Samensteller: Maxim Hodak
- *De Orthodoxe Kerk* – Aartspriester Sergei Hackel
- *De mensenrechten in het licht van het Evangelie* – Nicolas Lossky
- *Geboren in Haat Herboren in Liefde* – Klaus Kenneth
- *Hegoumena Thaissia van Leouchino: brieven aan een novice*
- *Het Jezusgebed* – Een monnik van de oosterse kerk
- *Gebedenboek Voor Kinderen: Volgens De Orthodox Christelijke Traditie*
- *Dagboek Van Keizerin Alexandra* – Keizerin Alexandra
- *Mijn ontmoeting met Archimandriet Sophrony* – Aartspriester Silouan Osseel
- *Stap voor stap veranderen* – Vader Meletios Webber
- *De Weg Naar Binnen* – Metropoliet Anthony (Bloom) Van Sourozh
- *Geraakt door God's liefde* – Klooster van de Levenschenkende Bron Chania
- *De Heilige Silouan de Athoniet* – Archimandrite Sophrony
- *The Beatitudes: A Pathway to Theosis* – Christopher J. Mertens
- *De Kracht van de Naam* – Metropoliet Kallistos van Diokleia
- *De Orthodoxe Weg* – Metropoliet Kallistos van Diokleia

- *Serafim van Sarov* – Irina Goraïnoff
- *Feesten van de Orthodoxe Kerk – een Leerzaam Kleurboek*
- *Catechetisch Woord over het Gebed van het Hart* – Aartspreiester Silouan Osseel
- *Naar de Eenheid?* – Leonide Ouspensky
- *Bidden Met Ikonen* – Jim Forest
- *Onze Gedachten Bepalen Ons Leven* – Vader Thaddeus Van Vitovnica
- *Alledaagse Heiligen En Andere Verhalen* – Archimandriet Tichon (Sjevkoenov)
- *Geestelijke Brieven* – Vader Jozef De Hesychast
- *Nihilisme* – Vader Serafim Rose
- *Gods Openbaring Aan Het Menselijk Hart* – Vader Serafim Rose
- *In De Kaukazus* – Monnik Merkurius
- *Terugkeer* – Archimandriet Nektarios Antonopoulos
- *Weest ook gij uitgebreid* – Archimandriet Zacharias (Zacharou)
- *Orthodoxie en de religie van de toekomst* – Vader Serafim Rose
- *Grégoire Krug – Notities van een Ikonenschilder*
- *De Orthodoxe Verering van Maria 'De Theotokos'* – De heilige John Maximovitch
- *Christus het nieuwe Paaslam* – Valentina Zander
- *Drieëndertig Dwazen om Christus* – Spyridon & Isidora
- *De zin van ons leven* – Archimandriet Adriaan (Korporaal)

- *Orthodoxe spiritualiteit* – Archimandriet Adriaan (Korporaal)
- *De Nieuwe Mens.* – Archimandriet Adriaan (Korporaal)
- *De Schoonheid der Heilige Liturgie* - Archimandriet Adriaan (Korporaal)
- *Our Orthodox Holy Family* – Deacon David Lochbihler, J.D.
- *Prayers to Our Lady East and West* – Deacon David Lochbihler, J.D.
- *The Joy of Orthodoxy* – Deacon David Lochbihler, J.D.
- *The Inner Cohesion between the Bible and the Fathers in Byzantine Tradition* – S.M. Roye
- *St. Germanus of Auxerre* – Howard Huws
- *Elder Anthimos Of Saint Anne's* – Dr. Charalambos M. Bousias
- *Orthodox Preaching as the Oral Icon of Christ* – James Kenneth Hamrick
- *The Final Kingdom* – Pyotr Volkov
- *From Manhattan to the Holy Mountain of Athos* by Thodoris Spiliotis

UITGEVERIJ ORTHODOX LOGOS
www.orthodoxlogos.com

www.ingramcontent.com/pod-product-compliance
Lightning Source LLC
Chambersburg PA
CBHW020546080526
44583CB00013B/1013